S154

LAGARTO

DE MI

CORAZÓN

Poemas

IVAN ARGÜELLES

2018
LUNA BISONTE PRODS

LAGARTO DE MI CORAZÓN

Poemas

En el espíritu de mi padre Enrique Argüelles

Madre de Dios se publicó en Manicomio;
Mi propia voz se publicó en De colores

Los dibujos interiores y en la contratapa, y el
diseño del libro por C. Mehrl Bennett

La foto de la tapa, la gran Coatlicue en el
Museo Nacional de Antropología de México DF,
es de John M. Bennett

ISBN 978-1-938521-42-3

www.johnmbennett.net
https://www.lulu.com/lunabisonteprods

LUNA BISONTE PRODS
137 Leland Ave.
Columbus OH 43214-7505 USA

MADRE DE DIOS
 ADRE DE DIOS M
  DRE DE DIOS MA
   RE DE DIOS MAD
    E DE DIOS MADR
     DE DIOS MADRE
      E DIOS MADRE D
       DIOS MADRE DE
        IOS MADRE DE D
        OS MADRE DE DI
         S MADRE DE DIO
          MADRE DE DIOS
          MADRE
          MADRE
      DIOS SIN MADRE SIN DIOS
      IOS SIN MADRE D
      OS SIN MADRE DI
       S SIN MADRE DIO
        SIN MADRE DIOS
         IN MADRE DIOS S
         N MADRE DIOS SI
          MADRE DIOS SIN
                DIOS SIN M
                DIOS SIN MA
                DIOS SIN MAD
                DIOS SIN MADR
                DIOS SIN MADRE
                SIN
          PALOMA SIN ALAS
          PALOMA
          PALOMA QUE VUELA SIN ALAS
           ALOMA QUE VUELA SIN ALA
            LOMA QUE VUELA SIN AL
             OMA QUE VUELA SIN A
              MA QUE VUELA SIN
               A QUE VUELA SI
                QUE VUELA S
                 UE VUELA
                  E VUEL
                   VUE
                    U
                   VUE
                  E VUEL
                 UE VUELA
                QUE VUELA S
               A QUE VUELA SI
              MA QUE VUELA SIN
             OMA QUE VUELA SIN A
            LOMA QUE VUELA SIN AL
           ALOMA QUE VUELA SIN ALA
          PALOMA QUE VUELA SIN ALAS

MI PROPIA VOZ

voy buscando mi propia voz
entre matorrales de sombra y pelo
voz ahuecada anaranjada pintada
de rosas sin forma
es que tengo que comer la piedra?
es que toda el agua va a caber
dentro el diente vacío?
hay que seguir por las arenas calientes
usando los pies del gusano
seguir por los alrededores del sombrero
anticipando la limosna sin manos
pero qué es esta soledad tan limpia
tan inacabable tan pronta a decirse mía?
a la derecha qué veo?
mujeres enigmas sepulcros y bodas
y a la izquierda solamente ese desfile
de hormigas computadoras negras como
el alma de la estatua dominguera
ya se agotaron todos los colores
lo que queda es el mínimo ruido
de las tinieblas que acaban de venir
por la ventana rota del desván
quien está gritando abajo?
porque es que no veo mas que estas rodillas
tan flacas y sin norte?
hay que buscar me dijeron
en ese gran cementerio de agujeros y buches
su propia voz
(hay que buscar el hilo invisible de esperanza)
y despues de encontrarla
arrojarla entre los mármoles y desperdicios
que son las palabras madre y padre

LAGARTO DE MI CORAZÓN

Lagarto de mi Corazón
cuando pienso en ti
en el sol de tus ojos
en la luna de tu lengua
cuando nado contigo
en el pozo de tus entrañas
en la alcantarilla de tu Pensamiento
me vuelvo blanco como el café tueste
del río perdido de Amazonas
me vuelvo loco puro como
la mentira de la carne azteca
como la filosofía de la ciudad ahogada
como la canción que no se oye
desde el camposanto de las Mariposas
hasta la carretera de polvo y fuego
del planeta mas lejos Plutón
pero quien sabe porque te amo
Lagarto de mi Corazón
porque te odio por tu piel
de temperaturas bajo cero?
porque no te olvido
Lagarto de mi Corazón
con tu mascara de puta ennegrecida
con tus dientes de pulque enojado
con tu selva de bebidas lunares
con tu teta derecha de Chichicaztenango
con tu teta izquierda de Tamazunchale?
Ándale pues! sácate esas muelas
de tundra alcohólica mezclada
con aliento de gin y tonic
no te muevas tus pestanas de hierro
congelado hacia lo inmemorable
hacia todo lo desconocido y sus
puertos de piedras indefinibles
no te muevas ese pulgar de dinamita
hacia ese cielo de cobre nuevayorkiano
No, la verdad es que no te conozco
Lagarto de mi Corazón
ni en mis pesadillas derrumbadas
de cerveza y hojalata ligeramente

más que puedo sufrir en esta vida
como puedo darte mi nombre
de borracheras de Patagonia?
tu que cuchicheas en sueños magníficos
las silabas preteritas de los dioses
los que se han muerto del todo
ya hace quince años estupidamente
aplastados bajo las ruedas del Juggernaut
en un lugar cuyo nombre queda
hasta hoy indescifrable y fracasado
Ándale pues! si me despierto
ya es la mañana roja de ayer
y no el mediodía vacío del anteayer
con sus amarillos tan tontos
que ni meten un pie hacia arriba
ni el otro hacia abajo
sino se duermen toda la noche blanca
pensando nomas en ti
Lagarto de mi Corazón!

10-24-08

(la lluvia)

morimos gota tras gota
sin saber verdaderamente
qué es la lluvia
hermano de los mapas
en tales días arrodillados
en el suelo con el gran plan
de la ciudad de Tenochtitlan
desplegado sobre el suelo
nos encontramos frente
a otra lluvia la del infinito
hasta que el día pierde
todo sentido todo color
tú y yo en los ojos del otro
significando nada menos
que la corrupción del agua
dentro su cuna de lágrimas

03-24-12

(eso no lo otro)

squeeze simulacra bottom size
out the rip torn clavicular Toltec
seizures a medio día con el mero mero
el viquingtrocadero de la misma
what's a life without jabón?
chinches chubasco y cha cha cha
south of the brassiere but what'
s left of the border? saga raw nutz
flake maíz tlatlatla Aztlán Jalisco
tabasco portents of death to come
just like ángeles chamuscados
sobre la lluvia de Puerto Vallarta
as if any muger named Malinche
doing it in the Copacabana round
about midinght crossfire drug guerra
bum bum bum ouch mi ojo aplastado
bajo el camión de Cuauhtemoc ándale!
ni siquiera dolores del rio desnuda
en su Hollywood de sueños in-
comprensibles zoom shot lens retro
fit desiertos tan vastos que ni
home on the prairies ardiendo
en sus aguas multilunares de Buñuel
en pantalones de nubes sin lágrimas
beware Black Spot dijo Blind Pew
atravesando avenida de los Insurgentes
al preciso minuto de la muerte cuotidiana
blowing her esophagus out la diosa
Coatlicue taking her sponge bath
en frente de dos mil espejos mira nomás!
y con que hombre con que perro
ni verguenza tiene entre sus piernas
a gumshoe con flechas de aspirinas
ya más que podemos comprender
volando hacia el continente de espacio
más negro que la lengua del conquistador!

4-15-12

(lo inmenso)

> *"el sueño es la fotografía*
> *de la muerte"* – Carlos Fuentes

desde esta cúpola se ven
todas las ventanas del mundo
cada una con su verbo irregular
cada una con su máscara paranormal
cada una con su jabalí muerto
y cada una con su traje etrusco
pero de esa otra cúpola
que se encuentra nomás en la niebla
de los inviernos transfigurados
los de la nostalgía lejana y griega
se ve nada más que el único vidrio
del ojo ciclópico de Teotihuacán
revoloteando en su mediodía
donde y cuando todo se arde
sin piedad y sin costumbre
donde la via láctea se cruza
con la vejez de los niños difuntos
los que transpiraban sobre
la piedra milenial de los Maya
aunque uno no sepa porque!
pero yo digo "sí" cada vez que
me encuentro dentro la música
de la pintura galáctica helada
que se pone en la oreja entera
de la ninfa eco cuyos pechos
submergidos en un sueño
devasatador e imperfcoto
me llaman desde su antro
de mitos indescifrables
porque en ese momento preciso
me encuentro también dentro
lo inmenso que es el caos
del primer pensamiento
el de espuma y enojo sin luz
porque tan furiosamente me
encuentro en lo inmenso
que no hay luna que me dé

sus manos ahogadas para
conducirme hasta la otra orilla
que no hay estrella que me haga
animal de hocico acendrado
en busca de su amor/sombra
++++++++++++++++++++++
no hay planeta tan derrumbado
que no tenga su espejo roto
su otro del tamaño de tinta china
ni su poco de espesura que es
el agua quebrada del pasado
pero a nosotros quién nos arrojó
dentro de esta vida tan frágil
de yerba y rocío sin esperanza?
quien nos sacó de ese siglo
cuando vivimos en el útero?
para que seguir caminando
para que seguir en ese gran "entonces"
donde no se pueden vislumbrar
los otros "pues"? y siempre
llega mas tarde el "nunca"
de las vidas paralelas del sal
pero para que seguir hasta
el puro y mero fin del día?
sin el olfato de la hormiga
qué se sabe del mundo anterior?
hasta las abejas en su infierno
de hielo saben lo poco que
queda de la luz inmemorial
pero de nosotros que queda
nada sino el ruido de nuestra
caída inefable hacia qué?
++++++++++++++++++++
día tras día en lo inmenso
que es la arena de los sueños
esa playa infinita de gris queriendo
ser amarillo sin decir nada
de rojo color de los dioses
que se esconden en la piel
del aire para atisbar lo tonto
de los hombres en sus quehaceres
locos e innumerables atravesando
lo inmenso del inconsciente

llamando a veces a un amante
sin nombre a un amante ya
perdido en las redes de la memoria
"acaso somos seres sin peso?"
con qué manos pensar ternura?
vamos caminando postergando
las huellas del porvenir nomás
para encontrar el bulto invisible
de un ayer desconocido y verde
como una torre de hiedra
pulsante con lo inmenso
eso de las historias sin palabras
que se cuentan antes de nacer
a los de la fase inscrutable
de la muerte bailando como
luciérnagas en su cielo de
selvas inmensas y erróneas
una añoranza sin plenitud
ese vacío inagotable
lo inmenso!
tantas lágrimas derramadas
para el hermano ausente
el que al doblar la esquina
se fue hacia los mares de luz
en busca de su propio nombre
en busca de su césped
donde lo inmenso
cae de su sombra
más abajo
de todo
lo dicho
y

para john m Bennett

09-08-12

(otro día de los muertos)

una muñeca libre
sin ventana ni paraguas
en el fregadero el silencio
acostumbrado de los toltecas
sin lavar sus manos dirigiendo
sus flechas hacia el ruido
de las nubes este dia
sin hora ni aviso
sin zócalo sin nada sino
la masa harina de las estrellas

(historia)

piedra terciaria aullando
mas sin dios pero siempre
con agujeros celestiales
cacayamando mayaztecas
en asuntos bipolares mixta-
textatoltecastísimos o mejor
dicho merodeando bajo palabra
respiración toda al lado cristal
dos veces más furiosa que antes
en fuego circular añadido al
diente lunar del transatlántico
siguiendo su mapa de chorros
animales fluorescentes o no
sin el mínimo alrededor emperador
carlos extincto cuerno de aceituna
vertido en vasos humeantes apenas
descubiertos dentro de los sesos
más trotzkistas improbables con
el funfún ronrón chichicastenango
de un domingo en la alameda de
las pulgas con miedo asustado
por el abuelo de las máscaras
ay que porvenir sin ruedas
asfaltadas arabigofuniculares
corazón de mi pachuco
tatuado en brazos planetarios
devolviendo su tabasco
hasta el milimetro infernal
de un méxico todavia inacabado
de inventar!

(el pezón de Diana)

entre arbol y arbol
el ciervo muerto
sigue caminando
sin su sombra

es la hora atrasada
cuando el minotauro
ciego de un amor impuro
deja caer sus cuernos

y los dioses del trueno
y de la hierba se emborrachan
olvidando su cena nefasta
ahogados en paz infernal

es el mediodía blanco
de vino tinto y ninfas
de almohadas invisibles
entre piedras místicas

es el vino blanco
del mediodía tinto
de canciones órficas
y sinfonolas arábigas

la saeta que vuela
hacia el ojo solar
zigzagueando entre nubes
parlanchines y tontas

nunca llega nunca
atraviesa nomás la piel
hundida del aire
destrozado del sol

pero sí la memoria
de ese ciervo muerto
con sus pies ligeros
y sus ojos transcendentales

queda dentro el corazón
del musgo mojado
de las entrepiernas
de la diosa Diana

y a pesar de los dardos
humanos echados
con mano poco diestra
hacia la niebla inmemorial

nadie sabe donde va
ese bicho sin sombra
sino en busca del cielo
diáfano del jazmín

como las orejas de la leche
como los escondites
tras las brumas alcohólicas
como los sales sin peso

ya pone su pie
la diosa cazadora
en la alfombra de
las rosas espectrales

como yo nunca ví
a esa entidad blanca
a ese ser sin color
a esa persona nefasta

esa cosa mas japonesa
que las montañas
que nunca vuelven
a sus añoranzas rojas

como yo nunco oí
un paradero tan amarillo
una colmena tan china
un lugar tan ciclópico

como las murallas
que abrazan su talle
en sueños aztecas
de hachas atolondradas

a no ser sino el otro
a no estar en ninguna parte
a no ser sino lo demás
vulva de los astros!

viajando sin pasaporte
a tampico o vera cruz
en busca de lo irreal
entre películas mudas

a la ventana del tren
en su nieve de guadalupe
tratando de mear
contra un vidrio polvoriento

la diosa jovencita haciendo
con su paraguas miradas
trobadorescas no logra
cayéndose en el matorral

despedazada arcoiris
su belleza el fragmento
del simposio de platón
que queda ilegible

algodón de los dioses!
miembros poco durables
de sátiros y faunos
pasta para la cruel Diana

quién sino el antropófago
a comprender su hermosura
quién sino el cíclope
a enredarse en su abrazo

para mí todo es locura
relojes al revés puntando
su artilería hacia urano
haciendo bum bum

no dos o tres veces
pero hasta lo infinito
que se traza en su piel
soñando lagartos al sol

paciendo inagotablemente
la pelusa de vergilio
el mantuano desconsolado
que escribió la biblia

ese inenarrable error
que confunde los sexos
divinos con las bocas
que recitan mantras védicas

y sin embargo ese ciervo
caminando muerto
entre árbol y árbol
ve como nunca antes

la luz del laberinto
esa saliva verde que junta
todos los sueños anteriores
con el pezón de Diana

09-12-12

(cuatro espejos)

cuatro pies sin cabeza
humo dolorón sin charol
maguey y Jalisco pimiento
ardiente con dulce de leche
penuche de fuego con bolsas
de ayer tan nostálgicas
que ni un pedernal puede
dejar de llorar trágicamente
más que cuatro espejos
amarillos y secos atisbando
en el desierto de sonora
hasta que los bandidos
de Chapultepec se rindan
ahorcados y ahogados
en la poesía del otro lado

01-15-13

(mintiendo)

el calzado soporífico
lleno de lágrimas secas
llevadas de vez en cuando
por hormigas enojadas
caminando su plaza real
dentro la ciudad de mitos
poco griegos pero mucho
anteriores a todo lo demás
mientras el suelo sigue
su rumbo hacia el norte
de catástrofes espaciales
que nomás los dioses
cargados de un ojo pueden
ver sin llorar hasta morir

02-09-13

"sílabas rotas"

plenilunio molecular
con sus monos sanskritos
todo cabe en el ojo ciclópico
todo lo demás no llega a sufrir
bastante con su diente filosófico
y aun los testigos etruscos
vagabundeando como hormigas
sobre la piel de Diana
no dejan de llorar cotidianamente
porque no olvidan el día
ese día tan temible de su nacimiento
bajo unas nubes granulares
en ciudades ya perdidas
o arrojadas nomás en la vía láctea
como monumentos de arena
cómo puede uno no gritar
sentado sobre su piedra meridional
cómo debe uno saber todo eso
sin fumar ese cigarillo del enojo crepuscular
hay dioses que uno conoce
nomás soñando con la puerta abierta
y otros más nefastos con que uno anda
con bultos de lágrimas y azufre
no recordando porque el verde
ya esta en acecho en la esquina
ni porque la farmacia no vende
memorias de las primeras novias
y habiendo dicho todo esto
todavía miramos ese plenilunio
como si fuera la ultima cosa
la mera última cosa del universo

02-10-13

"pañuelo bifocal"

respiración de diez mil elefantes
con la velocidad de drogas afrodisíacas
en lucha con las hormigas rojas
de las selvas subatómicas del Tamilnadu
éste no es un día como cualquier otro
no me preguntes porque
no me digas que ese diosecito de la cocina
humeante con sus hierbas malas
es el mismo que anda con el pañuelo bifocal
en busca de una guerra inacabable
con los "asuras" del Mahabharata
si me dices que éste es el poema mas hermoso
de todos que no he escrito nunca
si me dices que hay categorías de locura
mas finas que los alfileres de Taxco
no lo creo como no creo que haya
montañas caminantes con cien ojos
a cada uno en un lugar bajo la piel
si me dices que ayer se murió el rey godo
el que nadaba con los pescados de oro
de un manuscrito arábigo ya perdido
si me dices que el número dieciocho
es más sagrado que la paloma de Indra
yo contestaré que todo eso no tiene nada
que ver con las tres partes de mi sinrazón
o si me dices que cada paquete de chicle
tiene su propia diosa sin nombre o edad
relámpagos más blancos que la radio federal
van a coincidir con sus zagales borrachos
y sin pensarlo y hablando hitita el nano
que ocupa simultaneamente sus recámaras
echando dardos envenenados por todas partes
viene silbando con sus polvos de amor
esperando enloquecer a los domadores de caballos
sublunares del habla zigurat
que incomprensible la vida alfanumérica!
que nostalgia en los brazos de Junón!
amigo porque no paramos aquí un rato
para tomar un vasitito de pulque
mientras la carretera panamericana vuela
afuera de nuestro subconsciente

que nos importa viajar con los mortales?
hace poco hablábamos de las zetas iónicas
y como uno puede llegar al infierno nomás rogando
como pachucos dementes en sus motocicletas
ronroneando por las playas de Goa
aquí se encuentra la iglésia del nadaismo
y las rodillas que charlan cada noche
con los soñadores de la mesa redonda
pero no me digas más que hay una psiquiatría
que vale toda la hematina del planeta Villon
ni que después de la muerte el pensamiento
vuelva a ser circular pero sin moción
somos nosotros los que no sabemos nada
de la biografía de Jaufre Rudel
somos nosotros que vivimos lejos en la península
poco conocida donde uno no duerme nunca
y poseemos nomás la mente vacía del horizonte
sílabas pneumáticas! bailadoras go-go!
no me digas nada más porque me faltan orejas
esto aquí es blanco y eso otro es blanco
y puesto en cima del volcán Popocatepetl
el blanco es aún más blanco que blanco
respiración de diez mil elefantes!

02-10-13

(puchero)

quién es furioso
qué es furioso
canta en su medio latín
el pájaro provençal
mientras la guerra
de la gran chacra
sigue subiendo hasta
los hombros enojados
y calcinados de Chac Mool
hasta las nubes de humo
que dejan de existir
porque no tenemos ojos
para ver el más allá
dáme tu mano imposible
dáme tu labio exterior
ponte en la mesa hablante
y empieza a bailar
quién es furioso
sino orlando en la luna
qué es furioso
sino la isla de Sancho Panza
allá no hay justicia
ni legislación nomás
las llaves que no caben
y las puertas sin quicios
tú me enamoras
te conozco por tu lengua
como los asfaltos de Los Angeles
quemándose al mediodía
de los estudios MGM
no sé porque estoy
tan furioso
ni porque me llamo
orlando de la luna
hay un lugar cerca
de la salida
donde todas las voces
de los codos enterrados
salen furiosas

para saber porque
no hay más aire
no más este puchero
de alborotos callados

02-10-13

(vida verdadera)

estoy perdiendo sangre
por mis narices
hay necedades que no
comprendo y
sí hay necedades
que no tienen lugar
y narices que no dejan
de sangrar y hombres
como yo que
no comprenden sencilla-
mente el porqué de
cada día ni porqué
cada día no tiene sustento
como yo no tengo
narices nomás
sangre huyendo
por la caverna
de Polifemo
y caminando patas arriba
soplando las narices
existenciales de Montmartre
quién sabe si eso no es
la vida verdadera
la vida unicamente terrestre
con sus pesadillas de mediodía
y sus chicharras chirriando
por unas chinas montañeses
casi escondidas
casi pudibundas
dentro el cero inmenso
de la sangre en huída
patas arriba
zapateando siempre
zapateando
(no sabiendo dónde ir
no sabiendo
dónde
                    ir)

02-10-13

(li bo)

yo digo boca
tú eres sed
yo digo puente
y tú ahogas
es siempre así
uno rodea lo possible
el otro vive en el sótano
ya que soy abuelo
y el mundo pierde
poco a poco
su sustancia
hay menos que decir
y más por qué callar
en este bolsillo lo rojo
de todos los arreboles
se vuelve humo
y en ese otro
fíjate! el gran vacío
del arte

02-10-13

(cinco espejos)

caracol despacio y fonético
sin espejos ni en frente
ni atrás nomás el sonido
de la zeta ronroneando
por todos lados en agua
puramente necia como
las esencias de la ignocencia
filosoficamente pudibunda
con sus sócrates ambulantes
derritiendo como helados
de ceniza y fósforo
o hatos de gitanos comiendo
jardines de cristal
aunque todo se ve detrás
un espejo roto mil veces
con sus angélicas y dulcineas
pataleando los pormenores
de un mundo de vidrio envenenado
que no tienen nada que ver
con los dioses de agotamiento
ay que lumbre en tu
pinche cara !!!

02-13-13

"la caroña letrada"

huevos de mi corazón!
hasta cuando no amanecerán?
basta con letras de fuego
basta con hielo de escritura
o de pendejos sin nalgas
colgando de sus narices
por una soga de esperma
aqui uno pone el pie izquierdo
y alla con su cobre de serpientes
el otro pie el otro derecho
con su espejo de hierro viejo
y su palpebra griega atónita
va vacilando y tiritando
estornudando por los espacios
equinocciales de Petrograd
alla donde nomás los hidrocéfalos
abundan merodeando como
cervezas japonesas todo ojo
sin diamante todo blanco
sin mediodía
ay que caroña ahumada
singular sin su plural de asbestos
sin su verbo irregular esperanto
corriendo en sueños bipolares
todo huevón sin piedad
todo vacío sin nostalgia

le pedí mil aguas
y no me dió ni una gota de arena!

"almuerzo con los ángeles"

pantalones cuerdos / himnos a los "asura"
pelo almidonado / caza de rishis ahumados
peluquería de los dioses / sartenes lunares ahijadas
nunca más como ayer / enamorado con la fiebre misma
"oíd las quejas deste desdichado amante"//
agua cortada en dos / once avatares de Vishnu
césped de la luna agotada / cuerpo quemado de Didón
centro sin círculos / peligro de cenizas potables
formas de sombras insustanciales / "arma virumque cano"
veranos nostálgicos en el observatorio del Chichen Itza"//
no me pediste pues no te dí / cuantas veces en el mismo pozo
para salir hay que chupar fuerte / camarones en ácido lisúrgico
pendejo de mi vida / para entrar necesita olvidarse
mi- mi- mi muerte es ahora / tu- tu- tu tumba es nunca
"nulla de redemptio" / sombreros charlando en etrusco
esa tarde de domingo en Sanborn's / traseros y espaldas
quienes son esos lomos pelados? / fariseos feos en desfile
no me recuerdo que es lunes / el papa no tiene edad
cantan de armas virales / aquí mismo me acuesto
ay que dolorón de cabeza / la pura chingadera
una vida tras otra vida / todo lo demás muy afuera
salchichas jamón y dudas / para mí un vaso de pulque
parece la Diana de Montemayor ese espejo roto, no?//
el jardincito de mi abuela / con sus ojos de buey
y sus sesos de Trotzky bien fritos / mira nomás!
la dolorosa y húmida Eco / la madre que me parió
por prados y valles amenos / por la nunca no vista Jerusalén
no hay donde ir / no hay porqué volverse loco
si uno sigue cabalgando / mientras los pies van al revés
confieso que he vivido / confieso que no almuerzo
sino con ángeles y buitres / o con el oftalmólago ciego
hierba corta y tupida / percebes torpes e ignorantes
jugo de mentecato sobrio / mantequilla del cerebro cuadro
que mas puedo decir / si me faltan las orejas de hablar
no me digas la verdad / no me mires con tus ojos bizcochos
enamorado hasta los hígados / voy chupando orillas de humo
piedra de rojo puro / montañas del olvido azul
quién se despierta árabe / cuando al dormir fue turco
si fuéramos menos pinches / si tuviéramos menos salsa
en qué siglo estamos fablando / en que pais durmiendo
zapatos arriba boca de tierra / sueños megalíticos
de ciudades sonoras pero sin alas / volviendo siempre
al mismo parque de chapúltepec / veredas cacahuetes cebollas

ajo del mediodía sublunar / pedazos del cero universal
en cada paso de verde / en cado susurro oceánico
no es maravilla que ahogamos / en caldos de pollo nuclear
buscando al revés la noche / que no viene nunca aquí
qué lástima! qué olor! qué pucheros! / rojo sin blanco
diamante sin esmeralda / y todavía hay aguacates
sin número y coles / porque no me pediste lo verde?

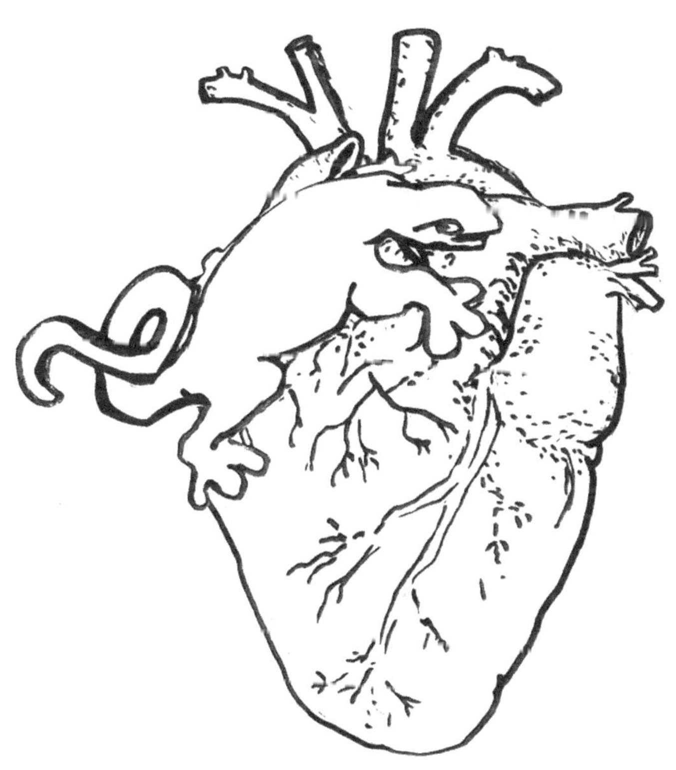

HOCICO

espeluznante cosa sin piernas !
y todavía tiene una tercera pata
bajo su ombligo hablante
ay qué vida sin máscaras
y uno baila toda la noche con la Otra
sin conocer su hocico !
fíjate las sesenta mil personas
que lleva ese ombligo hablante
parlanchín de dos mundos
el interior de las fuerzas aerodinámicas
el exterior de las pirámides volátiles
que comen hormigas para ser más
y sin embargo no saben aterrizar
en la cabeza invisible del hocico
oye compadre ! no tengo nada que decir
con esa persona que vive siguiendo mosca   s
imperturbables por las azoteas
de la ciudad ahogada ya hace siglos
yo que soy gemelo idéntico de Valum Votan
yo que busco cada medio día al hocico
para cerciorarme de las ideas platónicas
sobre la vida de las nubes
yo que apenas he nacido pisando
ese mundo espeluznante del hocico
animal y bestia y alma sin blanco
nomás el rojo de sus sesos infernales
y me dices que no sé nada de su inteligencia
ni de su amor sin amor aún más espeluznante
con su pelo irreducible del tránsito mexicano
que no alcanzo a ver ni en la luz del cementerio
ay qué pobre vida la de las mujeres ciegas por su zeta
no me hables de la muerte tampoco
de las mismas mujeres en su gusano alfa !
ayer fui yo mismo por las calles de Teotihuacán
en busca de un hocico para llevar
como una camisa en mis espaldas hemisféricas
pero lo único que encontré fue mi vida sublunar
polvo y cenizas y mares muertos
como puedo vivir en ese Israel de ángeles rotos ?
mañana voy por las mismas calles perdidas

que mi padre inventó con su martillo
de hocicos comunistas apaciguados
pero no me digas que conozoco a una Mary Lou
o que soy nada más que un borracho
peinando un aire combustible con esos dedos
de hierbas invernales y sin frente
Ay ! pobre de mí con mis trenta mil dioses
riéndose de ese hocico que llevo como zapatos
en mi pecho sin cuerda
mañana para ser algo más que otro
me acostaré en tus brazos , Amiga
espeluznante cosa sin piernas !

12-11-17

Δ Δ Δ Δ Δ

Other titles by Ivan Argüelles
published by Luna Bisonte Prods:

Poesía de Ivan Argüelles editada por Luna Bisonte Prods:

FRAGMENTS FROM A GONE WORLD [2017]

LA INTERRUPCIÓN CONVERSACIONAL [2016]

ORPHIC CANTOS [2015]

D U O   P O E M A T A :
ILION—A TRANSCRIPTION
& ALTERTUMSWISSENSCHAFT [2015]

FIAT LUX [2014]

A DAY IN THE SUN [2012]

ULTERIOR VISIONS [2011]

Δ Δ Δ

*Additional copies of this book
and of the above listed titles (mostly English language)
are available at:*

https;//www.lulu.com/lunabisonteprods